123klan

La collection design&designer est éditée par
PYRAMYD ntcv
15, rue de Turbigo
75002 Paris – France

Tél. : 33 (0) 1 40 26 00 99
Fax : 33 (0) 1 40 26 00 79
www.pyramyd-editions.com

©PYRAMYD ntcv, 2003

Conception graphique du livre : Pierre Klipfel
Conception graphique de la couverture : Pyramyd ntcv
Portraits de la couverture : Ulf Andersen
Direction éditoriale : Michel Chanaud, Patrick Morin, Céline Remechido
Traduction : Paul Jones
Correction : Dominique Védy
Conception graphique de la collection : Super Cinq

ISBN : 2-910565-58-0
1er dépôt légal : décembre 2003
2e dépôt légal : 3e trimestre 2004
Imprimé en Italie par Eurografica

123klan

préfacé par julien malland

Quand la plupart des studios de création s'affublent de noms accrocheurs, les 123Klan décident de rester authentiques en conservant l'appellation qu'ils s'étaient déjà inventée au début des années 1990 alors qu'ils égayaient les murs à coups de graffitis. On pourrait dès lors imaginer qu'il s'agit d'un groupe exclusivement masculin ; des types, casquette vissée sur la tête, qui ne jurent que par les derniers sons hip-hop. Il n'en est rien. Les 123Klan sont un couple modèle, ou plutôt une osmose parfaite entre une particule féminine et féministe Klor et un atome masculin Scien qui, depuis maintenant treize ans, vit une fusion parfaite dans le travail comme dans la vie.

HISTORIQUE

Alors que ces purs produits ch'timis, nés dans la région de Dunkerque, grandissaient nourris aux épisodes télévisuels de Goldorak et de Candy Neige, de l'autre côté de l'Atlantique s'épanouissait celle qui allait être leur étoile du berger. Elle naquit au début des années 1970 dans la partie la plus défavorisée de New York, le Bronx, puis grandit dans les block-parties de quartier. Bercée par les cris rythmés des disc-jockeys jamaïcains et des premiers scratches de Grand Wizzard Theodore, elle apprit

Whereas most design studios kit themselves out with catchy names, 123Klan have decided to stay real and keep the title they came up with in the early 1990s, when they were brightening up walls with bursts of graffiti. As a result, you might be thinking they're an all-male group: guys with caps pulled down hard on heads, and who swear only by the latest hip-hop sounds. Think again. 123Klan are a model couple, or rather a perfect example of osmosis between a feminist and female particle, Klor, and a male atom, Scien, who for 13 years now have been experiencing perfect fusion in their work and life.

BACKGROUND

When these archetypal northern-Frenchies, born in the Dunkirk area, were growing up on a diet of Goldorak and Candy Neige episodes on TV, the movement that was to become their guiding star was flourishing across the Atlantic. Born in the early 1970s in the most underprivileged district of New York, the Bronx, it started growing in the local block parties. Nurtured by the rhythmic cries of

à marcher avec les danseurs aux contorsions épileptiques du Rock Steady Crew et à lire avec les signatures de Taki 183 et Phase II. Baptisée et reconnue en 1973 par Afrika Bambaataa, elle prit le nom de culture hip-hop. Déferlant sur la France par le rap, la break-dance et la multiplication de tags agressifs sur les murs des grandes villes et les parois du métro parisien, elle croisa le chemin de Scien puis celui de Klor à la fin des années 1980. Le graffiti, comme se nommait désormais ce style d'écriture libre et sauvage, déjà kitsch mais rebelle, allait représenter pour plusieurs générations d'adolescents la révolution artistique qu'ils attendaient tous inconsciemment. Il n'était désormais plus nécessaire de faire de grandes écoles d'art pour avoir le droit de s'exprimer en public, ni d'exposer dans des galeries pour être connu et reconnu. C'est à cette période que Scien et Klor se choisirent leur patronyme de taggeur et formèrent leur nouvelle famille, 123Klan (123 comme le code postal du village de Scien).

LE STYLE
Avec la complicité d'autres passionnés, Klor et Scien ne cessèrent plus dès lors de colorer les murs gris de la France du Nord. Leurs buts ? Le même que celui de tout graffeur : se faire connaître en écri-

the Jamaican disc-jockeys and the first scratches of Grand Wizzard Theodore, it learnt to walk amid the elliptical contortions of the Rock Steady Crew dancers, and learnt to read from the signatures of Taki 183 and Phase II. Recognised and christened in 1973 by Afrika Bambaataa, it became known as "hip-hop" culture. Surging through France via rap, break-dancing and the spread of aggressive tags on the walls of big cities and the Paris subway, it crossed paths in the late 1980s with Scien and then Klor. Graffiti, as this wild freestyle form of writing was called – already kitsch but still rebellious –, would, for several generations of teenagers, represent the artistic revolution they had all unconsciously been waiting for. No longer did they have to attend leading art schools for the right to express themselves in public, or to exhibit in galleries to become known and gain recognition. It was during this period that Klor and Scien chose their taggers' moniker and formed their new family, 123Klan (123 being taken from the postcode of Scien's village).

vant leurs noms en énorme et en expérimentant sans cesse de nouvelles trouvailles graphiques. Autant inspirés par les graffeurs hollandais, parisiens que new-yorkais, ils pratiquent un graffiti classique : fond graphique commun sur lequel éclatent des lettrages mis en valeur par la présence de personnages déjantés traités en à-plat. Peu enclins à l'utilisation de courbes et de fioritures, ils définissent eux-mêmes leur style comme droit, froid, en recherche de simplicité et d'efficacité.

Le graffiti leur permet depuis leurs débuts d'accéder à une notoriété dans une discipline qui n'a cessé depuis de faire de nouveaux adeptes. À l'occasion de voyages aux quatre coins du monde ainsi que de plusieurs pèlerinages à New York, Mecque incontestée du graffiti, ils ont exporté leur travail en peignant avec des graffeurs aux techniques les plus variées. Ne pouvant se détacher d'un loisir devenu passion puis mode de vie, ils décidèrent de l'adapter à de nouveaux supports en commençant naturellement par l'écran de leur Macintosch. C'est l'ouvrage *The Graphic Language of Neville Brody* qui fut leur révélation. Ils y découvrirent la possibilité d'utiliser la typographie ou le logotype comme objets esthétiques propres à faire passer des émotions, tout comme ils le faisaient déjà depuis plusieurs années avec leurs noms sur les murs. L'apprentissage de leur métier à grands coups de

STYLE

From then on Klor and Scien, aided and abetted by other enthusiasts, never stopped colouring the grey walls of northern France. Their objectives? The same as every graffer's – get known by writing their names in huge letters and endlessly experimenting with their graphic brainwaves. Equally inspired by Dutch, Parisian and New York graffers, they employed a conventional form of graffiti: a graphic background on which lettering would explode, enhanced by the presence of wacky characters applied in solid colours. They have little time for curves and embellishments, defining their style as straight, cold and geared to a simple, effective result. Since their beginnings, graffiti has given them a profile in a discipline that has attracted a steady stream of new followers. On their travels to the four corners of the globe, and on several pilgrimages to New York, the undisputed mecca of graffiti, they have exported their work by painting alongside graffers who employ a very wide range of techniques. Incapable of breaking with a pastime that had become a passion and then a way of life, they decided to adapt it to new media, starting quite naturally with their Mac screen. Their reve-

bombes de peinture leur avait transmis les valeurs essentielles qui ont déterminé leur style : recherche de la pureté de la ligne, rigueur de la composition, propreté du rendu. Leur œuvre, au-delà de la simple présence de tags et de lettrages wild-style, est en filiation immédiate avec le graffiti par le détournement d'éléments tirés de la culture populaire et la volonté d'imposer son style comme unique message qui s'en dégage. Des personnages de mangas survitaminés à des typographies bâton attaquées par des impacts de balle en passant par des décompositions vectorielles de lettrages futuristes, voilà l'étendue du monde des 123Klan. Un cocktail sans compromis de tous les univers qui les font rêver. Pour eux, tout est question d'instinct. Comme pour le taggeur devant son train, armé de ses trois bombes et prêt à poser son « blase », ils improvisent en jouant avec les formes. Se revendiquant en tant que graffeurs faisant du graphisme, l'intuition reste le moteur essentiel à leur travail. C'est grâce à elle qu'ils donnent le meilleur d'eux-mêmes et qu'ils réalisent des « choses qui claquent ». Alors que le graffiti commençait dès la fin du millénaire à être de plus en plus présent sur Internet à travers des sites personnels fonctionnant comme des portfolios, les 123Klan étonnèrent leurs camarades avec leur approche novatrice du webdesign et leur utilisation du graffiti vectoriel. L'écran n'est pas pour eux un

lation was a book called *The Graphic Language of Neville Brody*. In it they discovered that typography and logotypes could function as aesthetic objects in the own right to convey emotions, like the names they had been writing on walls for several years. Their apprenticeship, can by can of spray, instilled in them the essential values that shaped their style: purity of line, rigorous composition and a cleanly-rendered result. Above and beyond the mere presence of tags and wildstyle letterings, their œuvre is directly related to graffiti in its distortion of elements from popular culture and the desire to impose its style as the sole message emanating from it.

Hyperactive Manga characters, sans serif typographies attacked by bullet holes, vectorial decompositions of futuristic letterings... this is the scope of 123Klan's realm. An uncompromising cocktail of the worlds that feed their dreams. For them, everything's a matter of instinct. Like the tagger next to his train, armed with three cans and poised to spray his "up", they improvise with forms. They claim to be graffers who do graphic art, and intuition is the essential driver of their work. It's this intuition that lets them give of their best, and produce "pieces that burn". In the run-up to the millen-

simple outil d'exposition mais, bien au contraire, un instrument créatif, une surface vierge méritant d'être investie avec passion, à l'instar des murs qu'ils habillaient de leurs peintures. Ils furent les premiers à marier graphisme, graffiti et interactivité avec la mise en ligne de leur site, miroir de leur identité. Pas question de se soumettre à une quelconque «prostitution» commerciale, car les 123Klan ont un style original, bâti sur leur expérience et leurs goûts qui ne méritent aucune concession et qu'ils défendent avec énergie. À l'aube de la création de leur propre entreprise, les 123Klan continuent à travailler en s'amusant.

COUPLE

Klor comme Scien ne peuvent s'imaginer créer séparément. Scrutant du regard l'approbation de l'autre à chaque question qui leur est posée, il semble impossible de rompre cette symbiose, matérialisée par la richesse de leur travail. Leur studio de création, au dernier étage de leur maison de la banlieue lilloise, ressemble à une chambre d'enfant bien rangée : des meubles aux étagères encombrées de robots japonais et de figurines en résine, des bureaux tapissés de stickers multicolores. Un

nium, with graffiti growing on the Internet via lots of personal sites serving as portfolios, 123Klan amazed their fellow graffers with their innovative approach to web design and their use of vectorial graffiti. For them, the screen is not simply an exhibition space but a creative instrument, a blank surface that deserves to be filled with passion, like the walls they once populated with their paintings. They were the first to wed graphic art, graffiti and interactivity when they launched their website – it mirrored their identity. No way would 123Klan submit to any commercial "prostitution", because its original style is built on its members' experience and tastes – it's not up for negotiation and they defend it energetically. With the creation of their own company on the horizon, 123Klan are continuing to have fun while they work.

COUPLE

Neither Klor nor Scien can imagine making art apart. When asked a question, they seek out the other's approving gaze, and this symbiosis, given material form in the rich variety of their work,

environnement qui reflète leurs productions, jusqu'à l'extrême attention portée à l'agencement de chaque objet qui rappelle la rigueur de leurs compositions graphiques. L'énergie créatrice de Scien et de Klor est le fruit d'une émulation quotidienne : le désir de se faire plaisir en travaillant combiné à la volonté de surprendre l'autre. Impossible de les dissocier, ils sont comme une formule chimique qui ne prendrait pas si l'un des deux ingrédients venait à manquer. Inutile de tenter de discerner qui fait quoi à travers leurs créations, même en leur posant la question à plusieurs reprises, on n'obtient aucune réponse claire. Il faut comprendre que Klor et Scien au-delà de leur mariage ne font également plus qu'un dans le travail…

FAMILLE

Le nouveau support que représente pour les 123Klan le print a changé leur façon d'appréhender le graphisme et en a vite fait des parents comblés. Ils sont devenus les géniteurs d'innombrables personnages qui peuplent désormais leurs pochettes de disques, illustrations et autres affiches. Enrichissant tous les jours un peu plus la famille de leurs créations, ils travaillent comme des D.J. réutilisant

seems breakproof. Their design studio, on the top floor of their house in the suburbs of Lille, north-east France, is like a neat child's bedroom: shelving units cluttered with Japanese robots and resin figurines, and desks plastered with multicoloured stickers. It's a setting that reflects their output, right down to the extreme attention paid to the layout of each object, a reminder of the rigour of their graphic compositions. Klor and Scien's creative energy is the fruit of everyday emulation: the desire to enjoy themselves at work, coupled with the drive to surprise each other. They are inseparable, like a chemical formula that won't react if one of the two ingredients is missing. There's no point trying to discern who does what in their designs – even after asking the question several times, no clear reply is forthcoming. You just need to understand that Klor and Scien, in their marriage and in their work, have merged.

FAMILY

Prints – 123Klan's new medium – have changed their take on graphic art and quickly turned them into delighted parents. The duo have bred countless characters who now inhabit their CD booklets,

samples et boucles pour les mixer dans la réalisation de nouvelles productions. Ces matérialisations toujours présentes de leur attachement à la culture hip-hop, habillées de casquettes, grosses baskets et baggies, arborant le plus souvent des attitudes agressives ou narquoises, possèdent chacune une identité forte. Exhalant une apparente naïveté dans leur représentation, elles sont cependant le fruit d'une architecture complexe qui se rapproche d'un travail sur les logotypes. Pour leurs créateurs, ces B.boys et Flight.girls très influencées par l'esthétisme japonais sont tous habités d'un background et d'une existence qu'il serait possible de développer à travers des films d'animation. Une affaire à suivre quand on sait qu'il est aujourd'hui question de leur donner vie à travers la fabrication de jouets.

Les 123Klan, c'est l'histoire d'éternels enfants incapables de quitter leur univers magique. Nourrissant leur imaginaire dans ce monde ludique où se croisent Albator et Hello Kitty, passant des tags agressifs de leur adolescence à un apprentissage pointu de la typographie, Klor et Scien réinventent un graphisme qui n'a d'autre prétention que de procurer du plaisir à celui qui le regarde.

Conscients de l'importance de ne pas perdre leur identité à travers la commercialisation de leur travail, il leur est primordial d'affirmer leur différence en défendant farouchement leur style, élément

illustrations and posters. Every day the family of creations grows a little richer – they work like DJs, re-mixing samples and loops into their fresh output. These continuing embodiments of their affection for hip-hop culture – dressed in caps, chunky trainers and baggy pants, and generally aggressive and sneering in attitude – each possess a strong identity. They may exude a naive form of representation, but are actually the fruit of a complex architecture similar to that used to make logotypes. In their creators' mind all of these B-boys and Flight-girls, heavily influenced by Japanese aesthetics, harbour a background and an existence that could be developed in animated films. It's a prospect to keep tabs on, given that there is currently talk of bringing them to life as toys.

123Klan is a tale of two Peter Pans who just can't leave their magical land. Nourishing their imagination in this playful world where Albator rubs shoulders with Hello Kitty, as they migrate from the in-your-face tags of their teenage years to an advanced apprenticeship in typography, Klor and Scien are reinventing a form of graphic art whose only ambition is to give pleasure. They are well aware they must hang on to their identity as their work goes commercial, and assert their distinctiveness while fiercely protecting the style that is at the core of all their creations – their fingerprint, the vital

central de toutes créations. Cette empreinte digitale, cet élément vital et personnel qui ne mérite aucun compromis. Ils n'ont qu'une devise : « Style is the message ». Graffeurs dans l'âme, ils désirent s'attaquer désormais à tous les supports et porter le nom des 123Klan jusqu'au firmament...

Julien Malland

Graphiste, illustrateur, auteur de *Kapital* aux Éditions Alternatives.

and personal feature that deserves no compromise. They have only one motto: "Style is the message". They are diehard graffers, now eager to tackle every medium and elevate 123Klan's signature to the firmament...

Julien Malland

Graphic artist, illustrator, author of *Kapital* (published by Éditions Alternatives)

STYLE IS THE MESSAGE
BE CREATIVE!

123KLUN

123KLUN

Pinkit & Finko

VISUEL POUR LE LIVRE *WORLD WIDE DESIGNERS 2027*
2002

VISUAL FOR THE BOOK *WORLD WIDE DESIGNERS 2027*
2002

AFFICHE POUR LA SOIRÉE TIKIKI DELUXE
2002

POSTER FOR THE TIKIKI DELUXE NIGHT
2002

STUDIO

multimédia

Le magazine de la création numérique

N°53

Février 2003

www.studiomultimedia.fr

123KLAN

ADAPTE LE GRAFFITI AU FLASH

THEY CALL US VANDAL!

DOSSIER
50 TRUCS ET ASTUCES 3DS MAX 5

RUBRIQUES PRATIQUES

7,5, 3DS Max 5, Cinema 4D XI R8 — 3D : Les textures sous LightWave
Photoshop 7, Gimp, Quark Xpress 5 — Publishing : astuces sous
un jeu de des avec Flash MX, Dreamweaver MX — On/Off Line :
Vidéo : sonorisez vos sequences sous
Première 6.5, After Effects 5 — réalisez

**MAKING OF : LE PROCHAIN FILM D'ÉPOUVANTE DE DANNY BOYLE ENTIÈREMENT
RÉALISÉ EN DV TEST : DIRECTOR MX VAUT-IL ENCORE LE COUP ? REALVIZ IMAGE
MODELER, 3D TOOLKIT, ULEAD VIDEO STUDIO 6 , DVD & CD DELUXE. LE DISQUE
DUR EXTERNE 200 GBYTES DE LACIE ET L'ÉCRAN AS4821TD D'IIYAMA**

F 6,90 €

L 13794 - 53 - F : 6,90 €

STUDIO multimédia
N°53

CHILDREN OF THE REVOLUTION: WIRED YOUTH
PLUS: HACKING LAS VEGAS • THE NET AFTER WORLDCOM • MAPPING MARS
WIRED

MAGAZINE LIFESTYLE   MUSIQUE, ART, GRAPHISME, TECHNOLOGIE   ET SOCIÉTÉ
clark
magazine
4,50 €

ILLUSTRE-TOI !

COUVERTURE
POUR CLARK MAGAZINE
N°4, HIVER 2003

COVER FOR CLARK MAGAZINE
NO. 4, WINTER 2003

COLLABORATION VECTORIELLE
AVEC NAKATANI TOSHIKI
DE SKULL DEZAIN
OSAKA, 2002

VECTORIAL COLLABORATION
WITH NAKATANI TOSHIKI
OF SKULL DEZAIN
OSAKA, 2002

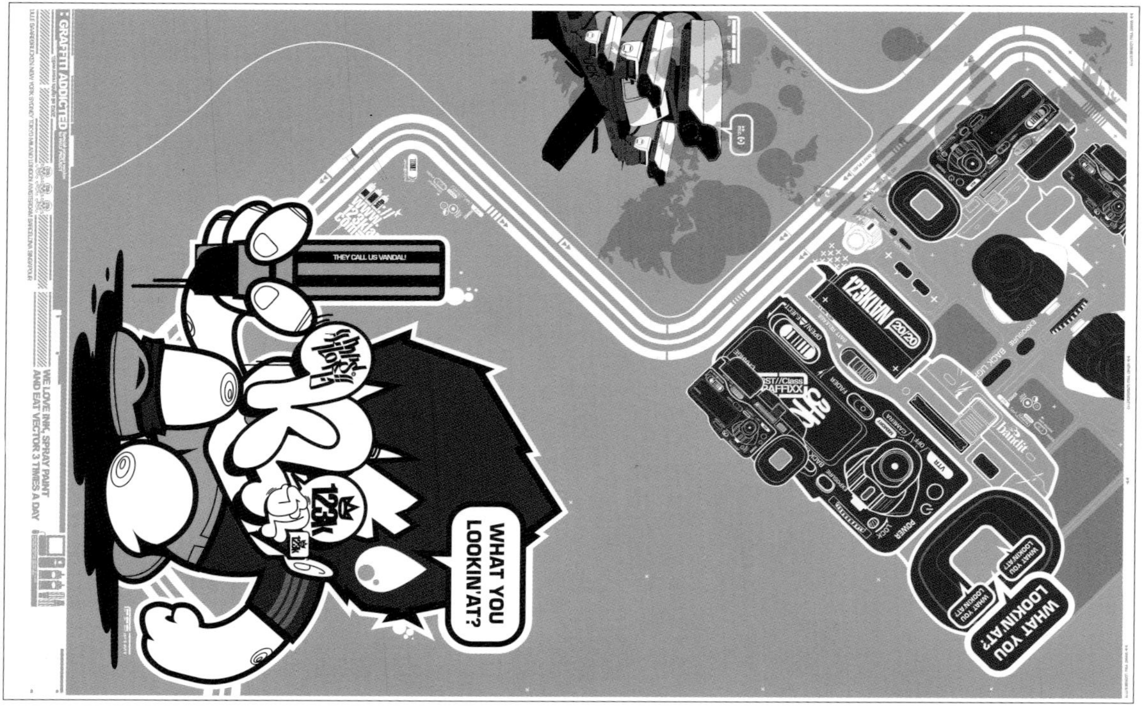

POSTER PRODUCED FOR EDWIN
TOKYO JAPAN 2002
SEVERAL ARTISTS WERE INVITED TO DEVISE
A 40 x 60 CM PRINTED VISUAL
ON THE THEME OF THE EYE

POSTER RÉALISÉ POUR EDWIN
TOKYO JAPON 2002
PLUSIEURS ARTISTES ÉTAIENT INVITÉS
À CONCEVOIR UN VISUEL IMPRIMÉ
DE 40 x 60 CM SUR LE THÈME DE L'ŒIL

VISUEL RÉALISÉ POUR L'EXPOSITION
TEKKO DE TORONTO SUR LE THÈME :
« FUTURE BEAUTIFUL ? »
2003

VISUAL PRODUCED FOR THE TEKKO
EXHIBITION IN TORONTO
THEME: "FUTURE BEAUTIFUL?"
2003

SCREEN-PRINTED POSTER (60 COPIES)
FOR A CHARITY, "DESIGN AGAINST DRUGS"
ORGANISED BY JADE PALMER
OF BASEFIELD.COM
MELBOURNE, 2003

POSTER SÉRIGRAPHIÉ À 60 EXEMPLAIRES
POUR UNE ŒUVRE DE CHARITÉ :
« DESIGN AGAINST DRUGS » ORGANISÉE
PAR JADE PALMER DE BASEFIELD.COM
MELBOURNE, 2003

CARTES DE VISITES 123KLAN
2003

123KLAN BUSINESS CARDS
2003

FLYERS RÉALISÉS ENTRE
1999 ET 2003

FLYERS PRODUCED BETWEEN
1999 AND 2003

★ RiF PRÉSENTE:Festival +2BASS 2001 •Island Parties PART06 ★

LA NOCHE CUBANA

SAMEDI 09 JUIN 200
JARDIN DES PLANTES
LILLE

RiF ET L'AÉRONEF PRÉSENTENT:

日本 JAPAN VIBES

O'GENKI DESKA

日本の波動

SAMEDI 12 MAI 2001 À L'AÉRONEF

SAMEDI 03 FEVRIER

RIF PRÉSENTE LE FESTIVAL +2BASS FORMULE 2001 ISLAND PARTIES

ELECTRO FUNK PARTY

L'ÎLE VIRTUELLE"

RiF presents:

La Noche Latina

SAMEDI 8 JUIN 2002
AU JARDIN DES PLANTES DE LILLE

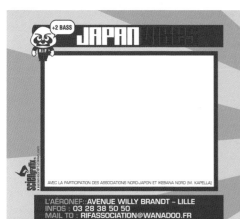

+2 BASS

JAPAN VIBES

AVEC LA PARTICIPATION DES ASSOCIATIONS NORD-JAPON ET IKEBANA NORD (M. KAPELLA)

L'AÉRONEF:: AVENUE WILLY BRANDT – LILLE
INFOS : 03 28 38 50 50
MAIL TO : RIFASSOCIATION@WANADOO.FR

RiF ET L'AÉRONEF PRÉSENTENT:

JAPAN VIBES

日本の波動

O'GENKI DESKA

SAMEDI 12 MAI 2001 À L'AÉRONEF

日本の波動

FESTIVAL **+2BASS** 2001 – **ISLAND PARTIES** (PART 04)

RIF ET L'AÉRONEF PRÉSENTENT JAPAN VIBES 3ÈME ÉDITION

SAMEDI 12 MAI 2001 À L'AÉRONEF

KOTO/TRADITIONNEL – ELECTRO JAZZ – TRIP-HOP – FUNK/HOUSE - EXPERIMENTAL

LIVE ACTS :

COLORBLIND FEAT JUN MATSUOKA & DJ SPIDER
(PLEIN GAZ PRODUCTIONS)
MAMI CHAN BAND (A.P.C.)
NOBUKO MATSUMIYA (ECOLE IKUTA)

TURNTABLE MASTERS

SHIMODA /SILENT POETS (TOY'S FACTORY/YELLOW)
ALEX FROM TOKYO (YELLOW PRODUCTIONS)

À PARTIR DE 21.00 TARIFS 70 / 50 FF

HAPPENING : VINCENT OTOMANYAK•VIDEO LIVE : TAMERUKOÏ
ENVIRONNEMENT : IKEBANA, ORIGAMIS, CALLIGRAPHIES,
MANGAS, MECHAS...
RESTAURATION ET BAR À THÈME

ATO DE*
*À BIENTÔT

PIN-UP DE « BLUE BOY »
RÉALISÉE POUR ROLITO
DE ROLITOLAND.COM
2003

PIN-UP OF "BLUE BOY"
PRODUCED FOR ROLITO
ROLITOLAND.COM
2003

CUSTOMISATION DU JOUET
DE ROLITO
SÉRIE LIMITÉE TOY2R
2003

CUSTOMISED ROLITO TOY
TOY2R LIMITED EDITION
2003

designergußiesb / 020 / 123KLAN

VISUEL RÉALISÉ POUR L'EXPOSITION
TEKKO DE TORONTO SUR LE THÈME :
« FUTURE IS BEAUTIFUL »
2003
PAGE DE GAUCHE : LA COLLECTION
DE KITTY DE MRS KLOR

VISUAL PRODUCED FOR THE TEKKO
EXHIBITION IN TORONTO
THEME: "FUTURE IS BEAUTIFUL"
2003
LEFT PAGE: MRS KLOR'S KITTY
COLLECTION

"The Producers"

ILLUSTRATION (DOUBLE PAGE)
RÉALISÉE POUR LE MAGAZINE *WIRED*
OCTOBRE 2003

(DOUBLE-PAGE) ILLUSTRATION
PRODUCED FOR *WIRED* MAGAZINE
OCTOBER 2003

designergu8/sap / 020 / 123KLAN

Mister "A"

MISTER "A" WILD STYLE/AP
Craftbotable suit // action figure
©Mister all rights reserved 2002©

VISUEL RÉALISÉ POUR L'EXPOSITION
« FUGITIVES » ORGANISÉE PAR MATT
OWENS (VOLUME UN)

GALERIE « LA RIVIERA »
BROOKLYN, NEW YORK
23 JANVIER AU 23 FÉVRIER 2003

VISUAL PRODUCED FOR THE "FUGITIVES"
EXHIBITION ORGANISED BY MATT OWENS
(VOLUME ONE)

RIVIERA GALLERY
BROOKLYN, NEW YORK
23 JANUARY TO 23 FEBRUARY 2003

STYLE IS THE MESSAGE
MAKE NO MISTAKE

AC/DC

WE LOVE
USA
NOT
BUSH!

VIVE LA
FRANCE

We make graffix,
not politics

123KLAN

シエン&
クロエ

OUTOFCONTROL

OUTOFCONT

VISUEL (DOUBLE PAGE) RÉALISÉ
POUR *REALFLUX MAGAZINE*
TORONTO, 2003

(DOUBLE-PAGE) VISUAL PRODUCED
FOR *REALFLUX MAGAZINE*
TORONTO, 2003

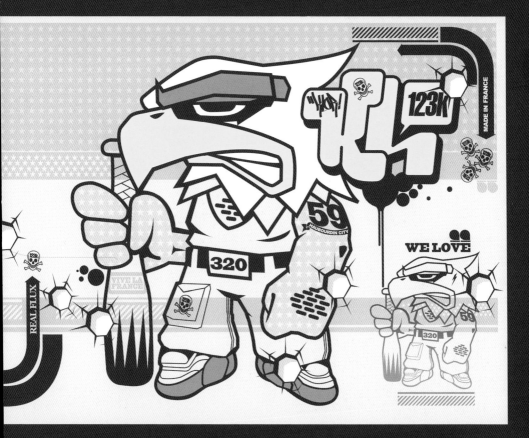

POSTER 40 x 60 CM
RÉALISÉ EN COLLABORATION
AVEC NIKO STUMPO
ABNORMALBEHAVIORCHILD.COM
2002

40 x 60 CM POSTER
PRODUCED IN COLLABORATION
WITH NIKO STUMPO
ABNORMALBEHAVIORCHILD.COM
2002

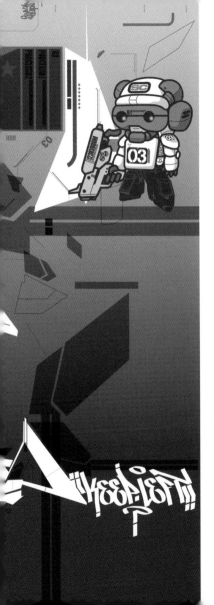

VISUEL RÉALISÉ POUR LA COVER
DU SITE DE DIGITALULTRAS
2002

VISUAL PRODUCED FOR THE COVER
OF DIGITALULTRAS.COM
2002

designereguži:sąp / 020 / 123KLAN

CHARACTER DESIGN
RÉALISÉ POUR LA CAMPAGNE 2003
DE NIKE USA STREET ROLLER HOCKEY

CHARACTER DESIGN
PRODUCED FOR NIKE USA'S 2003 STREET
ROLLER HOCKEY CAMPAIGN

X.PLICIT DRUM'N BASS PRESENTS:::

unity

SAT.1ST JUNE 2002 AT CATACOMBES

02

X.PLICIT DRUM'N BASS PRESENTS:::

unity

ROOM 01

SPIRIT
(UK/Phantom Audio/Metalheadz/Timeless)

SOURCE DIRECT
(UK/Metalheadz / Source Direct Recordings / Demonic)

OTIS-ROM1
(UK/Beatslut) (B-Fried Chicken)

JUICE BLENDERS
(Fr-Explicit Drum&Bass)

MC's

JAMALSKI
(USA-Roughneck Reality)

ROOM 02

GRAZZHOPPA
(B-Break'BOOO)

DJUICE
(Fr-2Step/UK Garage)

BOULAONE-STAMIFF
(Fr-ExO+Issssm) (Fr-Explicit)

VideoLive by Frame Killas

CATACOMBES: GIETERIJSTRAAT 14 8800 ROESELARE - BELGIUM
DOORS:: **12 EUROS** - INFOLINE:00 33 (0)6 21 09 90 63

MOOD · LES MODES URBAINES · Xplicit DRUM'N BASS · REVERSE · fnac

SPEEDFONK .net · SF · scien grafix © · clark · selaside

Préventes: dans tout le réseau FNAC, Stamina Records (Lille), Fried Chicken (Gent)
VAN REGIO GENT: AUTOSNELWEG RICHTING RIJSEL, AFRIT AUTOSNEL WEG BRUGGE/IEPER,
NEEM DAN AFRIT NR.7 ROESELARE HAVEN, NEEM RECHTS DOE TOER ROND HET PUNT AAN
DE LICHTEN RECHTDOOR 2DE RECHTS.DE LILLE, AUTOROUTE GAND, SORTIE AUTOROUTE
BRUGGE/IEPER,PLUS PRENDRE SORTIE NR7 ROESELARE HAVEN, AU FEU ROUGE
TOUT DROIT 2ème À DROITE.

FLYERS ET AFFICHES RÉALISÉS
POUR LES SOIRÉES DRUM'N'BASS
« UNITY »
2002-2003

FLYERS AND POSTERS PRODUCED
FOR THE DRUM'N'BASS "UNITY"
NIGHTS
2002-2003

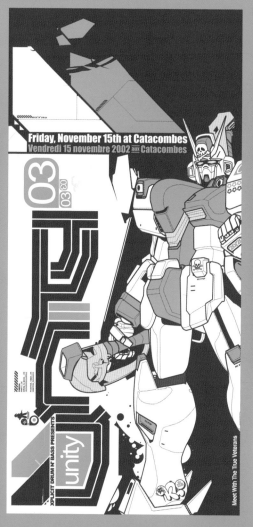

Friday, November 15th at Catacombes
Vendredi 15 novembre 2002 aux Catacombes

03
03 03

unity

XPLICIT DRUM N' BASS PRESENTS

Meet With The True Veterans

Meet With The True Veterans

unity

03

Friday, November 15th at Catacombes
Vendredi 15 novembre 2002 aux Catacombes

ROOM 01 X.PLICIT DRUM'N BASS PRESENTS:::

Danny C
aka Twisted Anger
(UK-Portica / Valve / Dread Recordings)

Otis
(UK-BlackLabel / UnderPressure)

Murdock
(B-Dozer / Unrezt)

Rom1
(F-Explicit Drum&Bass)

K-Poon
(F-Rumblist)

FEATURING **MC's**   SPECIAL GUEST

McBIG RED
(F-Smockaz Productions)

GRAFFIX BLASTED MECHANIX
(2)MALVINIC, SCIEN GNER ROCK N'ROLL

THIS IS NOT A CATACOMBES PARTY

CATACOMBES: GIETERIJSTRAAT 14 8800 ROESELARE - BELGIUM
DOORS:: 9 EUROS - INFOLINE:00 33 (0)6 21 09 90 63

Préventes: dans tout le réseau FNAC, Stamina Records (Lille).
VAN REGIO GENT: AUTOSNELWEG RICHTING RIJSEL, AFRIT AUTOSNEL WEG BRUGGE/IEPER,
NEEM DAN AFRIT NR.7 ROESELARE HAVEN, NEEM RECHTS DOE TOER ROND HET PUNT AAN
DE LICHTEN RECHTDOOR 2DE RECHTS.DE LILLE, AUTOROUTE GAND, SORTIE AUTOROUTE
BRUGGE/IEPER,PLUS PRENDRE SORTIE NR7 ROESELARE HAVEN, AU FEU ROUGE
TOUT DROIT 2ème À DROITE.

XPLICIT DRUM N' BASS PRESENTS

unity

03
03 ∞

Meet With The True Veterans

Friday, November 15th at Catacombes
Vendredi 15 novembre 2002 aux Catacombes

ROOM 01 — from 11pm till down

Danny C
aka **Twisted Anger**
(UK-Portica / Valve / Dread Recordings)

Otis
(UK-BlackLabel / UnderPressure)

Murdock
(B-Dozer / Unrezt)

Rom1
(F-Explicit Drum&Bass)

K-Poon
(F-Rumblist)

MCs — SPECIAL GUEST!

McBIG RED
(F-Smockaz Productions)

Présentez dans tout le réseau FNAC Stamina Records (Lille-Rijsel)

THIS IS NOT A CATACOMBES PARTY

CATACOMBES: GIETERIJSTRAAT 14 8800 ROESELARE - BELGIUM
DOORS:: 9 EUROS **INFOLINE:** 00 33 (0)6 21 09 90 63

GRAFFIX BLASTED BY: http://www.123klan.com

VAN REGIO GENT: AUTOSNELWEG RICHTING RIJSEL, AFRIT AUTOSNEL WEG BRUGGE/IEPER,NEEM DAN AFRIT NR.7 ROESELARE HAVEN, NEEM RECHTS DOE TOER ROND HET PUNT AAN
DE LICHTEN RECHTDOOR 20E RECHTS.DE LILLE, AUTOROUTE GAND, SORTIE AUTOROUTE. BRUGGE/IEPER,PLUS PRENDRE SORTIE NR7 ROESELARE HAVEN, AU FEU ROUGE TOUT DROIT 2ème À DROITE

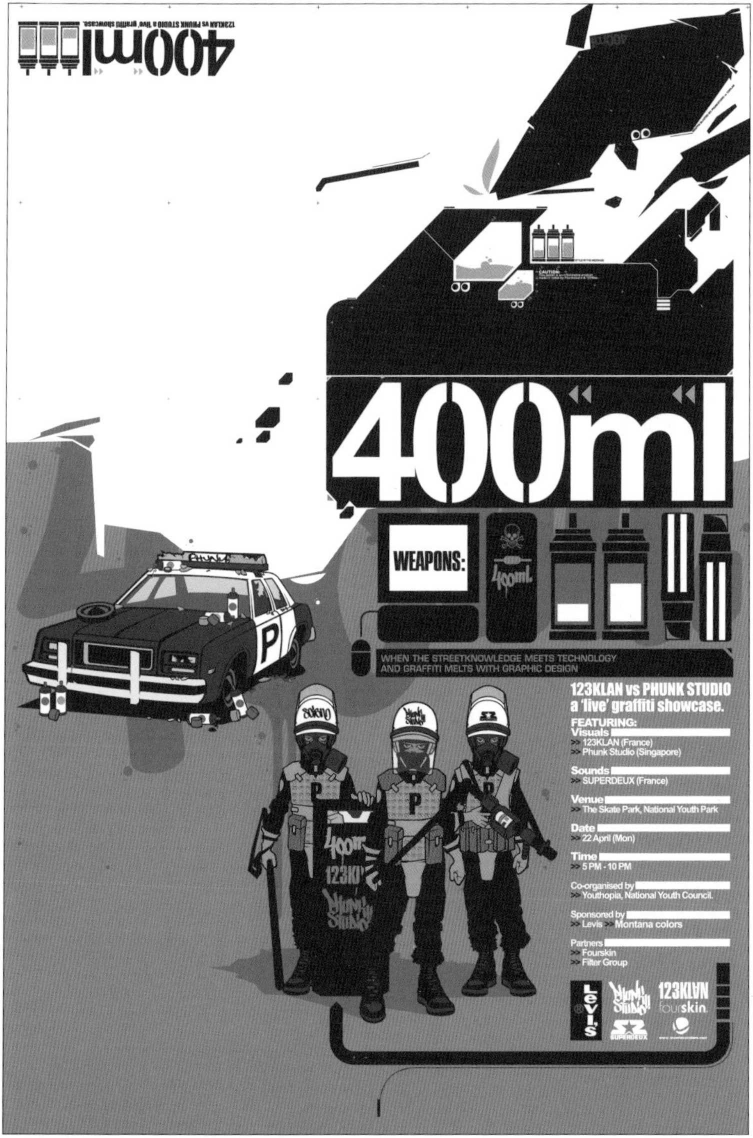

VISUEL RÉALISÉ POUR LE LIVRE WRITING
DIE GESTALTEN VERLAG
2003

VISUAL PRODUCED FOR THE BOOK WRITING
DIE GESTALTEN VERLAG
2003

AFFICHE 40 x 60 CM
RÉALISÉE EN COLLABORATION
AVEC PHUNKSTUDIO.COM
POUR LA PERFORMANCE GRAFFITI 400ML
ET DJ À SINGAPOUR LE 22 AVRIL 2002

40 x 60 CM POSTER
PRODUCED IN COLLABORATION
WITH PHUNKSTUDIO.COM
FOR THE GRAFFITI AND DJ PERFORMANCE
400ML IN SINGAPORE, 22 APRIL 2002

F4 anatics | **KLOR | 123KLAN FR.**
No matter who you are, you're the super star.
Fantastic 4 all rights reserved 2003 ©.

F4 anatics | **SCIEN | 123KLAN JPN.**
No matter who you are, you're the super star.
Fantastic 4 all rights reserved 2003 ©.

SELF-PROMO LOGO FOR F4
FANATICS FUNKY FRESH FOUR
2003

LOGO SELF PROMO POUR F4
FANATICS FUNKY FRESH FOUR
2003

F4 | **SCIEN | 123KLAN FR.**
fanatics No matter who you are, you're the super star.
Fantastic 4 all rights reserved 2003 ©

designergubisap / 020 / 123KLAN

RÉALISATION D'UNE FRESQUE
KLOR
DUNKERQUE, 1998

PRODUCTION OF A MURAL
KLOR
DUNKERQUE, 1998

PIECE EN HAUT :
SCIEN/HANEM
BARCELONE 2002
PIECE MILIEU :
RESO/PERSONNAGE
DE SCIEN/KLOR
BARCELONE, 2002
PIECE EN BAS :
KLOR/SCIEN/DEAN

TOP:
SCIEN/HANEM
BARCELONA, 2002
MIDDLE:
RESO/CHARACTER CREATED
BY SCIEN/KLOR
BARCELONA, 2002
BOTTOM:
KLOR/SCIEN/DEAN

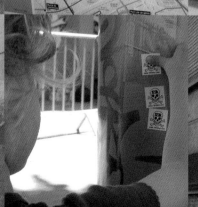

THE ALTERNATIVE
TO MAINSTREAM
MUSIC TELEVISION

fuse
TASTES
LIKE
MUSIC
SOUNDS
LIKE
CHICKEN

fuse
SAVING
THE
MUSIC
VIDEO
ONE TV
AT A TIME

VISUELS RÉALISÉS
POUR L'OUVERTURE
DE FUSE CHANNEL
NEW YORK, 2002

VISUALS PRODUCED
FOR THE LAUNCH
OF FUSE CHANNEL
NEW YORK, 2002

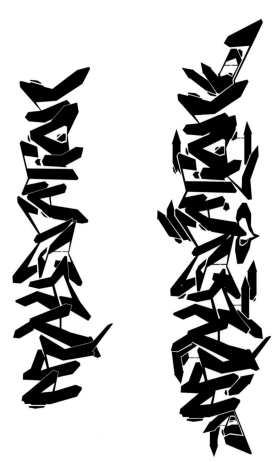

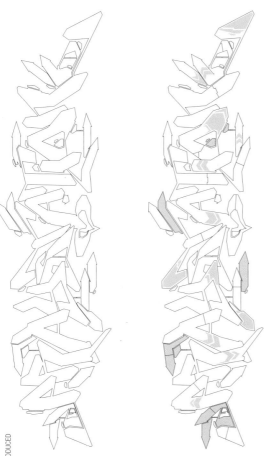

GRAFF VECTORIEL RÉALISÉ
POUR UNE COLLABORATION
EN LIGNE AVEC JOSHUA DAVIS
(PRAYSTATION) 2001

VECTORIAL GRAFF PRODUCED
FOR AN ONLINE
COLLABORATION
WITH JOSHUA DAVIS
(PRAYSTATION) 2001

LOGO RÉALISÉ
POUR LE GROUPE
FUNK 4 SALE
2000

LOGO PRODUCED
FOR THE BAND
FUNK 4 SALE
2000

LOGOS DIVERS

MISCELLANEOUS LOGOS

unity

xplicit
DRUM N'BASS

DA GROOVY
RIF FAMILY

Friday
NITES

WAZ
recordz C.

MONSTER
RECORDS

10DUBIANS

VISUELS RÉALISÉS
POUR MOUSE SK8BOARDS™
2003

VISUALS PRODUCED
FOR MOUSE SK8BOARDS™
2003

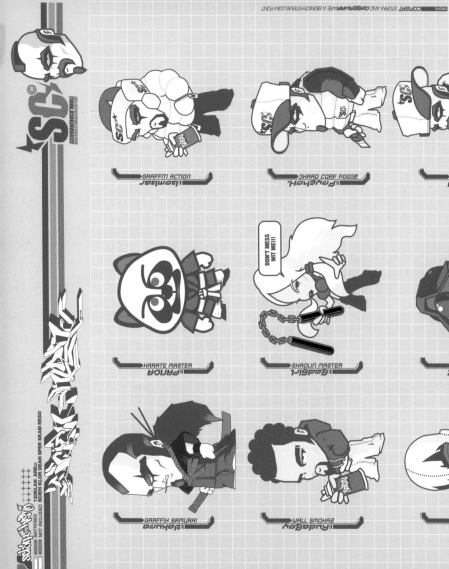

VISUELS REALISES POUR LE LIVRE
SEMI PERMANENT
IDN, 2002

VISUALS PRODUCED FOR THE BOOK
SEMI PERMANENT
IDN, 2002

NOTHING TO PROUE JUST SOMETHING TO SHOW

VISUELS RÉALISÉS
POUR LE LIVRE
SEMI PERMANENT
IDN, 2002

VISUALS PRODUCED
FOR THE BOOK
SEMI PERMANENT
IDN, 2002

"1231 KON"

WE LUU' TO PAINT YOUR WALLZ

DUNKERQUE•LILLE•PARIS•ROMA•EINDHOVEN•HAMBURG•MUNICH•DUSSELDORF•BRUSSELS•LONDON•BRONX NEWYORK

NOTHING TO PROUE
JUST SOMETHING TO SHOW.

★★★★★★★★★★★★

KINGZ DESTROY ★★★

ERROR404 ★★★

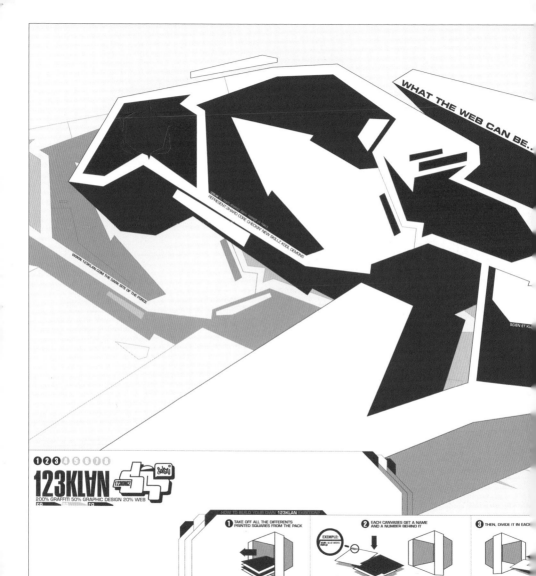

WHAT THE WEB CAN BE...

WWW.123KLAN.COM THE DARK SITE OF THE FORCE

REPRESENT:3HARD CORE CHECKIN NEW SKILLZ KOOL DEMONS

SCIEN ET KLOR

123KLVN
200% GRAFFITI 50% GRAPHIC DESIGN 20% WEB

HOW TO BUILD YOUR OWN 123KLAN EXIBITION?

1 TAKE OFF ALL THE DIFFERENTS PRINTED SQUARES FROM THE PACK

2 EACH CANVASES GET A NAME AND A NUMBER BEHIND IT

EXEMPLE:
BLUE ALUE WEEKS
INFO 6

3 THEN, DIVIDE IT IN EACH

VISUELS RÉALISÉS
POUR LE LIVRE *WHAT THE WEB CAN BE*
IDN, 2001

VISUALS PRODUCED
FOR THE BOOK *WHAT THE WEB CAN BE*
IDN, 2001

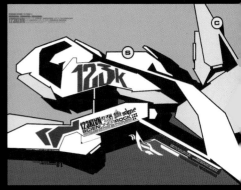

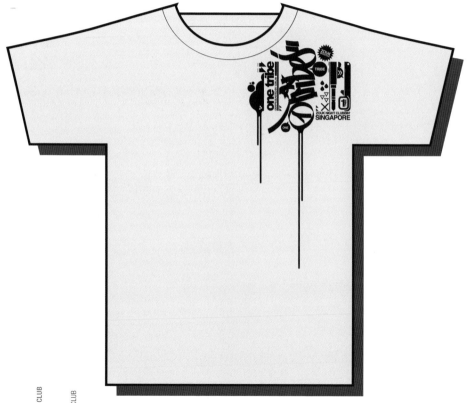

TEE-SHIRT
POUR LE ZOUK NIGHT CLUB
SINGAPOUR, 2003

T-SHIRT
FOR THE ZOUK NIGHT CLUB
SINGAPORE, 2003

TEE-SHIRT
POUR LA FRESH CONFERENCE
SYDNEY, 2001 ET SINGAPOUR, 2002

T-SHIRT
FOR THE FRESH CONFERENCE
SYDNEY, 2001 AND SINGAPORE, 2002

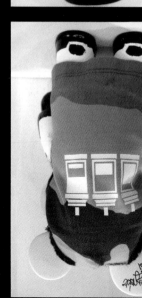

CUSTOMISED QEE TOY
MADE BY TOY2R
2002

CUSTOMISATION D'UN JOUET QEE
DE TOY2R
2002

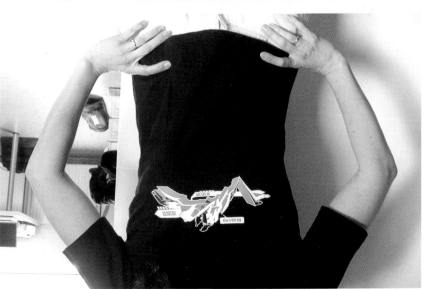

TEE-SHIRT « MRS KLOR »
2002

"MRS KLOR" T-SHIRT
2002

VIVE LA FRANCE!
WE LOVE AMERICA, BUT WE HATE YOU MR BUSH

designergu$i$ap / 020 / 123KLAN

STICKERS 123KLAN PROPAGANDA
2003
123KLAN PROPAGANDA STICKERS
2003

LOGO DU GROUPE DE METAL ANTHRAX
REVISITÉ PAR 123KLAN POUR LE LIVRE
MUSIC ICONS DE FUNK STUDIO
2003

LOGO OF HEAVY-METAL BAND ANTHRAX
REVISITED BY 123KLAN FOR FUNK STUDIO'S
BOOK *MUSIC ICONS*
2003

VISUEL METHOD MAN
POUR LE LIVRE *NERVOUS ROOM*
2002

VISUAL METHOD MAN
FOR THE BOOK *NERVOUS ROOM*
2002

LA HAINE, CE POISON!

1] LA HAINE, CE POISON.
2] INSTRUMENTAL
3] ACAPELLA

33T

SACEM
S   S
A SDRM G
C   D
D   L

+

"LA HAINE CE POISON"
1) LA HAINE, CE POISON
2) INSTRUMENTAL
3) ACAPELLA

MANIFEST/STYLH/CLASSIC'OL/DJ MOURAD

enregistré et mixé par DIEZ au studio "la cave à son"
masterisé par ACTIS STUDIO
Tel: 06.11.28.70.28 **2003**

RÉALISATION DE POCHETTE VINYLE
POUR LE GROUPE LUMIÈRE NOIRES

VINYL SLEEVE PRODUCED
FOR THE BAND LUMIÈRE NOIRES

designergu5isap / 020 / 123KLAN

PIXEL FURY PART 01

MODE: 3D FRESH

www.pixelfury.com

PIXEL FURY INVADERS

MISS FURY   MR PIXEL

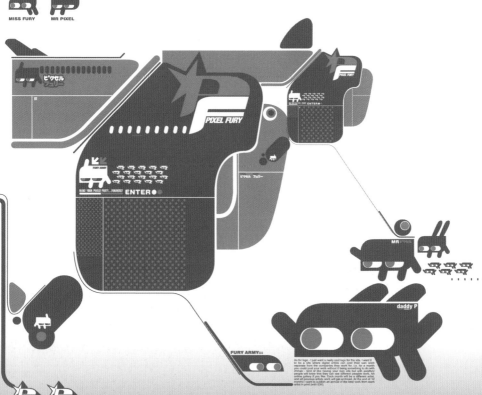

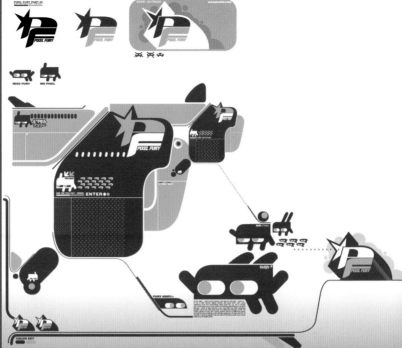

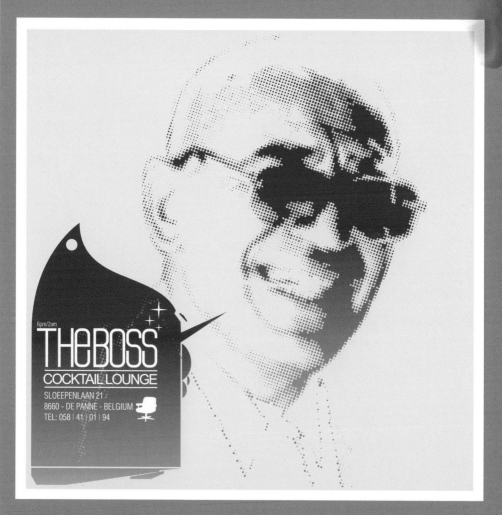

6pm/2am

THEBOSS
COCKTAIL LOUNGE

SLOEEPENLAAN 21
8660 - DE PANNE - BELGIUM
TEL: 058 | 41 | 01 | 94

R.I.P.

100% FREE